Meckis Hobby, rat einmal – !
sind Kakteen in großer Zahl.
Ist das Pflänzchen auch noch klein,
voller Stacheln muß es sein!

Gartenkolonie „Glück im Grünen"

Mit Bildern von
Fritz Baumgarten

Verse von
Ingrid Rudolph

ALFRED HAHN'S VERLAG · ESSLINGEN, vormals Leipzig

Jeder Gartenfreund im Land
erntet gern mit flinker Hand,
hackt die Beete, gräbt und gießt,
freut sich, wenn es wächst und sprießt.

Aus der Kaktusblütenpracht
hat Frau Igel Tee gemacht.
Sie serviert ihn heiß und süß
hier im Gartenparadies.

Abends zündet Grabemann
stillvergnügt sein Pfeifchen an.
Gibts was Neues in der Welt?
Was er weiß, wird gleich erzählt.

Grabefrau hat viel zu tun.
Keine Zeit, sich auszuruhn!
Jeder Tag muß Waschtag sein,
denn die Kinder sind noch klein.

Alle Kinder rings im Land
spielen gern im weißen Sand.
Die hier lernen schon genau:
So entsteht ein Maulwurfsbau!

Dicke Raupe Nimmersatt
komm jetzt aus dem Weißkohlblatt!
Futterstehlen ist nicht nett.
Schnell nach Hause und ins Bett.

He, Herr Nachbar, sei gegrüßt!
Du hast immer guten Mist.
Gibst du mir für die Kakteen
eine Fuhre, bitteschön?

Komm, wir rutschen hier herum!
Der Gedanke ist nicht dumm.
Hier im Mistkäferidyll
darf man machen, was man will.

Ob ich schon den Startsprung kann:
Arme vor und Kopf voran?
Eins, zwei, drei und etwas Mut!
Wer viel übt, der kann es gut.

Schnell hinein ins kühle Naß,
eine Wasserschlacht macht Spaß!
Wer genug hat, ruht sich aus.
Jetzt gehn wir noch nicht nach Haus.

Abends ist noch Wunschkonzert:
Man bestimmt, was man gern hört.
Fröhlich klingt die Melodie
durch die Gartenkolonie.

So vergeht der lange Tag –
bis zuletzt im Rosenhag
noch das schönste Lied erklingt.
Wißt ihr, wer am besten singt?

In der Serie außerdem erschienen:

Auf der Sommerblumenwiese
Kapellmeister Archibald Quack
Mäusepieps' Reise ins Wichtelreich

Esslinger Verlag J. F. Schreiber
Anschrift: Postfach 10 03 25, 73073 Esslingen
www.esslinger-verlag.de

ISBN 3-87286-306-1
Printed in Singapore